1

전형필

전형필

김혜연 글 한지선 그림

비룡소

"우아, 책이 엄청 많아요."

외삼촌 집에 갔다가 서재에 들어간 형필은 방 안 가득 꽂혀 있는 책을 보고 환호성을 질렀어요.

그런 형필을 보고 외사촌 형 박종화가 말했어요.

"책을 보고 너처럼 소리 지르는 애는 처음 본다. 형필이 너, 책 좋아하는구나."

"네."

형필이 히죽 웃으며 대답했어요.

"그런데 형은 이 책 다 읽었어요?"

형필이 호기심 가득한 눈으로 박종화에게 물었어요.

"하하하! 무슨 수로 이 많은 책을 다 읽었겠니? 보고 싶은 책 있으면 얼마든지 빌려 가렴."

"형, 나는 우리 역사에 대한 책을 읽고 싶어요. 우리가 왜 일본에 지배를 당하는 건지 알고 싶어요."

형필의 표정이 몹시 속상해 보였어요.

"음…… 그렇다면 이 책들을 한번 읽어 봐라."

박종화가 책꽂이에서 책을 몇 권 꺼내 건네며 말했어요.

"일본은 조선이 역사도 전통도 없는 나라고, 옛날에도 일본의 지배를 받았다고 우기고 있어. 그게 얼마나 억지스러운 거짓인지 이 책들을 보면 알 수 있을 거야."

형필이 어이가 없다는 표정으로 물었어요.

"도대체 왜 그런 거짓말을 하는 거예요?"

"자기네가 우리나라를 침략한 게 옳다는 거지. 어디 그뿐인 줄 아니? 벌건 대낮에 고분(고대에 만들어진 무덤)을 파내 우리 예술품들을 훔쳐서 일본으로 빼돌리고 있어."

"그건 왜요?"

형필은 점점 화가 치밀어 올랐어요.

"우리의 자존심인 문화재를 빼앗고 망가뜨려 우리나라를 오래 지배하려는 속셈이지."

박종화가 한숨을 내쉬며 대답했지요.

"말도 안 돼요!"

박종화의 설명을 듣던 형필은 저도 모르게 버럭 소리를 질렀어요. 우리 민족이 일본에 당하고 있는 상황이 너무 분했던 거예요.

우리 것을 이렇게 다 빼앗길 수는 없어요!

형필은 1906년 7월, 배오개(지금 서울의 종로4가)에 있는 아흔아홉 칸 부잣집에서 태어났어요.

형필이 태어난 즈음 일본은 우리나라를 침략해 차츰차츰 지배해 나가고 있었어요. 1910년에 결국 우리나라는 강제로 일본의 식민지가 되고 말았지요.

1919년 형필이 열네 살 때, 작은아버지가 돌아가셨어요. 슬픔이 채 가시기도 전에 형 전형설도 스물여덟 살에 갑자기 세상을 떠났지요. 형필은 어린 나이에 사랑하는 가족을 잇달아 잃고 충격을 받았어요.

그해에는 형필의 가족뿐 아니라 우리나라에도 슬프고 분한 일이 있었어요. 고종 황제가 원인을 알 수 없는 병으로 세상을 떠난 거예요. 많은 사람들이 분통을 터뜨리며 수군거렸어요.

"임금님이 갑자기 돌아가시다니, 이상하지 않아?"

"분명 일본 놈들이 독살한 걸 거야."

일본에 대한 사람들의 분노가 점점 높아졌어요. 고종 황제의 장례를 앞둔 3월 1일, 많은 사람들이 태극기를 들고 거리로 나와 만세 운동을 벌였어요.
"대한 독립 만세!"
전국 곳곳에서 수많은 사람들이 우리 민족의 독립을 외쳤어요.

 이런 일들을 겪으면서 형필의 머릿속에는 여러 가지 생각과 고민이 싹텄어요.
 '죽는 게 뭘까? 산다는 건 뭘까?'
 '왜 우리나라가 일본의 지배를 받는 거지?'
 이런 고민에 부딪힐 때면 형필은 외삼촌 집에 가서 박종화와 대화를 나누고 여러 책을 찾아 읽었어요.
 책 속에 모든 답이 있는 건 아니었어요. 하지만 형필은 책을 통해 우리나라의 역사, 인간과 세상의 이치에 대해 더 많이 알게 되었지요.

형필은 열여섯 살에 휘문고보(휘문 고등 보통학교)에 입학했어요.

형필은 학교가 끝나고 집으로 오는 길에 종종 박종화가 소개해 준 헌책방에 들러 책을 구경했어요. 책방 주인이 추천해 준 책을 사 와 밤늦게까지 읽었지요.

 부모님은 형필이 이렇게 책을 사들이고 읽는 것을 대견하게 여겼어요. 어느 날 아버지가 형필의 방 안에 가득 쌓여 있는 책을 보고 말했어요.
 "책을 제법 많이 모았구나. 몇 권이나 되는 거냐?"
 "백 권이 조금 넘는 것 같아요."
 얼마 뒤 아버지는 문짝이 달린 4층짜리 책장을 들여와 근사한 서재를 만들어 주었어요. 형필은 집에 오면 곧바로 서재에 들어가 책에 파묻혀 살았지요.

휘문고보 졸업을 앞둔 어느 날, 아버지가 형필에게 물었어요.

"졸업 후엔 무엇을 하고 싶으냐?"

"대학에 가서 조선어 문학을 공부하고 싶습니다."

형필의 대답에 아버지가 단호하게 말했어요.

"일본에 가서 법을 공부해 변호사가 되는 게 좋을 것 같구나."

형필은 유학을 가고 싶지 않았어요. 법을 공부하는 것도 별로였고요. 하지만 우리나라를 지배하는 일본에 직접 가 보고 싶은 마음은 있었어요. 형필은 아버지 말에 따르기로 했어요.

　유학 생활은 만만치 않았어요. 조선에서는 갑부의 아들이었지만 일본에서는 식민지에서 온 학생일 뿐이었으니까요.
　일본인들에게 멸시를 받고 서러움을 느낄 때마다 형필은 더욱 독서에 몰두했어요. 책을 읽다 보면 나라를 위해 무슨 일이라도 해야겠다는 생각이 마음속에서 자라났지요.

방학이 되어 서울에 돌아온 형필은 고희동 선생님을 찾아갔어요. 고희동 선생님은 형필이 휘문고보에 다닐 때 서예와 그림을 가르쳐 주신 분이에요.
　고희동 선생님은 우리나라 역사와 문화의 중요성에 대해서 이야기해 주곤 했어요. 형필도 고민이 있으면 선생님에게 털어놓고 도움을 받았지요.
　"아버지 뜻에 따라 법대에 갔지만 고민입니다. 일본이 만든 법을 공부하는 게 잘하는 걸까요?"
　형필의 고민을 들은 고희동 선생님이 물었어요.
　"그럼 무엇을 하며 살고 싶으냐?"
　"잘 모르겠습니다."
　"너는 무슨 일을 하든 잘할 게다. 그런데 나는 네가 우리 조선의 문화를 지키는 사람이 되면 좋겠구나."
　"문화를 지키는 사람이요?"
　"형필이 너는 책을 좋아하니 말이다. 우리의 귀한 책과 그림, 도자기 같은 예술품들이 헐값으로 나와 여기저기 나뒹굴고 있더구나. 그것들이 일본인들 손에 넘어가는 걸 보면 너무 안타까워."

선생님의 말을 들은 형필은 마음이 답답해졌어요.

"그것들을 지키려면 일본인들 손에 넘어가기 전에 우리가 사야겠네요?"

"그렇지. 하지만 쉽지가 않아. 돈이 많이 드니까."

형필은 우리나라 예술품을 지키고 싶다는 생각이 들었어요.

"선생님, 당장은 힘들겠지만 제가 나중에는 할 수 있을 것 같아요. 그런데 뭘 어떻게 해야 할까요? 예술품을 보는 눈이 없어서요."

"그거야 차차 공부하면 되지. 나보다 이런 일을 더 잘 설명해 줄 분이 계신다. 같이 인사 드리러 가자꾸나."

얼마 뒤 형필은 고희동 선생님을 따라 어느 집을 방문했어요. 백발이 성성한 노인이 두 사람을 맞았어요. 예술품 보는 눈이 가장 뛰어나다고 알려진 위창 오세창 선생님이었지요.
 위창 선생님은 형필을 보자마자 대뜸 물었어요.
 "법을 공부한다고? 공부를 마치면 뭘 할 건가?"

"우리나라의 귀한 예술품을 지키는 사람이 되고 싶습니다."

"우리 문화를 지키려는 의지를 가진 청년을 만나니 기분이 좋군. 자네에게 호(원래 이름 대신 편하게 부를 수 있도록 지은 이름)를 하나 지어 주고 싶어. 간송(澗松)이 어떤가? 산골짜기에 흐르는 맑은 물과 사시사철 푸른 소나무라는 뜻이야. 바르고 꿋꿋한 마음을 나타내는 말이지."

"정말 마음에 듭니다, 선생님. 감사합니다."

형필은 기쁜 마음으로 감사 인사를 했어요. 그리고 호가 부끄럽지 않도록 잘 살아야겠다고 생각했지요.

이때부터 전형필은 위창 선생님 댁을 드나들며 우리 예술품에 깃든 정신과 아름다움을 알아보는 눈을 길렀어요.

하지만 전형필에게 다시 아픔이 찾아왔어요. 1929년 2월, 아버지가 세상을 떠난 거예요.

전형필은 아버지와 작은아버지의 모든 재산을 물려받았어요. 스물네 살에 조선의 큰 부자 사십 명 안에 들게 되었지요.

젊은 나이에 엄청난 재산을 갖게 되면 함부로 써 버릴 수도 있을 거예요. 하지만 전형필의 머릿속에는 우리 문화가 깃든 예술품을 수집하고 보호하는 데 돈을 쓰겠다는 생각이 단단히 자리 잡고 있었어요. 아버지 또한 돌아가시기 전에 재산을 부디 좋은 일에 쓰라고 당부하셨지요.

공부를 마치고 일본에서 돌아온 전형필은 아버지와 가족들이 남겨 준 땅을 둘러보았어요. 자신이 물려받은 엄청난 재산을 직접 보니 어깨가 무거워졌어요.

'아버지, 작은아버지. 물려주신 땅과 재산을 절대 헛되이 쓰지 않겠습니다.'

전형필은 하늘을 보며 마음속으로 다짐했어요.

전형필은 1930년부터 본격적으로 우리나라 예술품을 모으기 시작했어요. 그때는 조선의 문화 예술에 관한 연구가 거의 이뤄지지 않았던 때예요. 외롭고 어려운 일이었지만 옆에서 도와주는 위창 선생님이 있었기에 흔들림 없이 계속할 수 있었지요.

　위창 선생님은 전형필에게 예술품 보는 눈이 뛰어난 정직한 거간꾼(사고파는 사람 사이에서 흥정 붙이는 일을 하는 사람) 이순황을 소개해 주었어요. 이순황이 물건을 소개하면 위창 선생님이 도움말을 해 주고 전형필이 사는 식으로, 세 사람의 호흡이 척척 맞았지요.

전형필이 처음 구한 예술품은 겸재 정선이 그린 「인곡유거」였어요. 전형필은 그림을 가지고 위창 선생님에게 갔어요. 그림을 지그시 바라보던 선생님은 허허 웃으며 말했어요.

"첫 수집품이 겸재라. 그림 보는 눈을 칭찬해야겠군 그래."

"선생님께서 겸재가 우리나라에서 진경산수화(풍경을 사실 그대로 그리는 산수화)를 제일 잘 그리는 화가라고 하신 게 생각나서요."

"이건 겸재 자신이 살던 집을 그린 거야. 사랑방에서 책을 읽고 있는 사람이 겸재인 게지."

위창 선생님이 그림 속 남자를 가리키며 말했어요.

"마당과 인왕산의 풍경이 참 아늑하고 평안해 보입니다, 선생님."

"그렇지? 마당의 큰 버드나무를 타고 올라가는 포도 넝쿨도 멋지고."

위창 선생님은 그림에서 눈을 떼지 못했어요.

그러던 어느 날, 한 골동품상(오래되거나 희귀한 옛날 물건을 파는 사람)이 전형필을 찾아왔어요. 그가 내민 화첩을 본 전형필은 깜짝 놀랐어요.

그건 다름 아닌 겸재의 『해악전신첩』! 금강산을 그린 그림 스물한 폭과 글씨 등이 담긴 화첩이었던 거예요. 전형필은 화첩을 조심스레 넘겨 보며 말했어요.

"이걸 어디서 구했습니까?"

골동품상은 어깨를 으쓱하며 말했어요.

"대궐 같은 기와집에서 하룻밤 묵었는데, 한밤중에 머슴이 군불을 때더군요. 그런데 불쏘시개로 쓰려는 종이가 심상치 않은 거예요. 아궁이에 들어가기 직전에 간신히 구해 냈습니다."

"어휴, 큰일을 하셨구려."

전형필의 말이 끝나기 무섭게 골동품상이 말했어요.

"워낙 귀한 거라 이백 원은 주셔야겠습니다."

조용히 화첩을 바라보던 전형필이 말했어요.

"천오백 원을 주겠소."

"네에?"

골동품상은 너무 놀랐어요. 이백 원도 머슴에게 준 돈의 열 배라 비싸다고 생각하던 차였거든요.

전형필은 훌륭한 예술품은 그에 맞는 값을 치러야 한다고 생각했어요. 그러다 보니 골동품상들 사이에서 전형필에게 좋은 물건을 가져가면 돈을 더 쳐준다는 소문이 났어요.

1937년 2월, 일본은 중국과 전쟁을 준비하고 있었어요. 일본에 살던 외국인들은 서둘러 자기 나라로 돌아갈 준비를 했어요. 일본이 전쟁에서 질 거라고 생각했거든요.

그중 존 개즈비라는 영국인 변호사가 있었어요. 이십여 년 동안 골동품을 모아 온 사람으로, 아름다운 고려청자를 많이 가지고 있다고 소문이 자자했지요.

존 개즈비는 일본을 떠나면서 그 물건들을 내놓았어요. 전형필은 그 말을 듣자마자 곧바로 일본의 수도 도쿄로 갔어요.

존 개즈비의 수집품들을 본 전형필은 깜짝 놀랐어요. 모두 특이하고 아름다웠어요.

「청자 모자 원숭이 모양 연적」은 어미 원숭이에게 안겨 어미 얼굴을 매만지는 새끼 원숭이의 모습이 애틋하면서도 귀여웠어요. 「청자 기린 유개 향로」와 「청자 오리 모양 연적」은 단아하고 은은한 색을 보는 순간 마음을 빼앗겼지요.

감탄하는 전형필에게 존 개즈비가 말했어요.
"모두 스물두 점입니다. 다 명품들이지요. 이 청자들이 모두 조선으로 돌아가기를 바랍니다."

협상은 사흘에 걸쳐 진행되었어요. 존 개즈비는 전형필이 생각한 것보다 거의 두 배 가까운 금액을 불렀어요. 아무리 부자라 해도 그 많은 돈을 당장 마련하긴 힘들었지요.

전형필은 가치가 있는 물건이면 값을 높게 쳐주는 사람이었어요. 하지만 이번만큼은 그럴 수 없었지요. 마지막으로 전형필이 말했어요.

"삼십팔만 원! 더 이상은 어렵소. 이 가격에 안 되면 서울로 돌아가겠소."

존 개즈비가 답했어요.

"오십만 원! 나도 이 가격에 안 되면 영국 박물관에 넘기겠습니다."

결국 협상은 이루어지지 않았어요. 전형필은 눈물을 머금고 서울로 돌아왔어요. 하지만 존 개즈비의 집에서 본 청자들이 눈앞에 아른거려 일이 손에 잡히지 않았어요. 밤에 잠도 오지 않았고요.

그런데 얼마 뒤, 존 개즈비가 서울에 왔다며 전형필에게 만나자는 연락을 해 왔어요.

두 사람이 다시 만났을 때 존 개즈비가 말했어요.

"내 수집품을 사고 싶어 하는 조선 청년이 있다는 말을 들었을 때 오해를 좀 했어요. 돈 많은 도련님이 비싼 취미 생활을 하나 보다 했죠. 나라의 문화유산을 지키려는 훌륭한 분이라는 걸 몰랐어요."

전형필은 쑥스러워하며 말했어요.

"별말씀을요. 저는 단지 우리 예술품이 우리나라에 남아 있기를 바랄 뿐입니다."

"원하시는 금액에 양보하겠습니다. 대신 작은 청자 두 점은 간직하고 싶어요. 이 아름다운 청자들을 다시 못 본다고 생각하니 아쉬워서요. 어떻겠습니까?"

전형필은 잠시 고민했어요. 두 점을 포기하는 게 아쉬웠지만, 존 개즈비의 마음을 알 것도 같았어요.

전형필이 존 개즈비에게 손을 내밀며 말했어요.
"좋습니다. 그렇게 하지요."
두 사람은 악수를 하며 미소를 지었어요.
마침내 전형필은 존 개즈비의 수집품 스무 점을 조선으로 가져올 수 있었어요. 전형필이 존 개즈비에게 준 금액은 당시 서울에서 기와집 사백 채를 살 수 있는 어마어마한 돈이었지요.

　전형필은 예술품이 눈앞에 나타나면 그것이 이 땅에 꼭 남아야 하는 건지 생각했어요. 지켜야 한다는 생각이 들면, 아무리 비싸도 포기하지 않았지요.

　전형필을 손가락질하며 이렇게 말하는 사람들도 많았어요.

　"고작 사기그릇 하나를 기와집 몇십 채 값으로 사들인다고? 집안을 말아먹을 철부지구먼."

　하지만 전형필은 그런 말에 귀 기울이지 않았어요.

1935년부터 서울 성북동 호젓한 곳에 소리 소문 없이 건물 한 채가 지어지고 있었어요.

　전형필은 그동안 모은 소중한 예술품들을 보관할 장소가 있었으면 했어요. 나중에 후손들이 볼 수 있도록 박물관을 세우고 싶었지요. 튼튼하고 아름답게 만들기 위해 가장 좋은 자재를 구해 정성껏 지었어요.

　건물이 완성되자 위창 선생님은 '보화각'이라는 이름을 지어 주었어요. '세상의 보물을 모아 두는 집'이라는 뜻이에요. 전형필은 열심히 모은 예술품을 이곳으로 옮겨 왔어요. 정원도 멋지게 꾸몄지요.

　보화각을 지은 뒤에도 전형필은 꾸준히 예술품을 수집했어요.

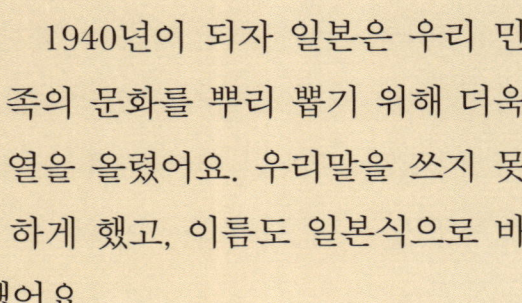

1940년이 되자 일본은 우리 민족의 문화를 뿌리 뽑기 위해 더욱 열을 올렸어요. 우리말을 쓰지 못하게 했고, 이름도 일본식으로 바꾸게 했어요.

전형필은 말과 글이 민족에게 얼마나 중요한지 알았어요. 우리말을 지키기 위해서라면 뭐든 해야겠다고 생각했지요.

전형필은 오래전부터 사라졌다고 알려진 『훈민정음』 원본을 구하고 싶었어요. 일본이 알아채지 못하게 은밀하게 찾고 있었지요. 어느 날 소문을 듣고 김태준이라는 학자가 전형필을 찾아왔어요.

"선생님, 『훈민정음』이 나타난 것 같습니다."

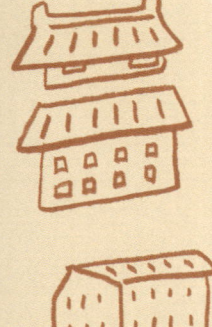

"그게 사실이오? 어디 있답니까?"

전형필은 흥분해서 저도 모르게 목소리를 높였어요.

"경상북도 안동에 제가 아는 사람이 가지고 있다고 들었습니다."

"그럼 당장 가 봅시다."

김태준은 일어서려는 전형필을 붙잡으며 조심스레 말했어요.

"진정하십시오. 일단은 그게 진짜인지, 주인이 팔 생각이 있는지부터 확인해야 합니다."

"아, 그렇구려. 내가 너무 흥분한 나머지……."

"일단 제가 안동에 내려가 책을 보고 연락을 드리겠습니다. 조금만 기다리십시오."

전형필은 초조하게 연락을 기다렸어요. 그러나 얼마 뒤 안타까운 소식이 들려왔어요. 김태준이 체포되었다는 거예요. 『훈민정음』을 구할 수 있을 거란 희망은 깨지고 말았지요.

몇 년이 흘렀어요. 전형필은 자주 가던 책방에 앉아 있다가 우연히 밖을 내다보았어요. 언젠가 만난 적 있는 책 거간꾼이 바쁘게 걸어가고 있었어요. 서두르는 몸짓이 어쩐지 평소와 달라 보였지요.

전형필은 거간꾼을 불러 물었어요.

"어딜 그렇게 바쁘게 가시는가?"

"안동에서 『훈민정음』 원본이 나타났다고 합니다."

"그게 사실이오? 얼마에 나왔다고 하던가?"

"일천 원을 부른답니다."

전형필이 잠시 생각을 하더니 거간꾼에게 말했어요.

"내가 일만 일천 원을 쳐줄 테니 그걸 구해다 주게. 일만 원은 책값이고, 일천 원은 자네 수고비일세."

"예?"

거간꾼의 눈이 휘둥그레졌어요.『훈민정음』이 아무리 귀한 책이라고 해도, 일만 원이면 보통 사람들은 평생 구경하기도 힘든 금액이었으니까요.

"그게 진짜 원본이라면 일만 원도 아깝지 않네."

귀한 물건은 나왔을 때 얼른 잡아야 했어요. 조금이라도 지체하면 다른 사람 손에 넘어갈 수도 있으니까요. 게다가 그즈음 일본이 한글을 쓰지 못하게 했기 때문에 조심스럽게 거래를 해야 했어요.

1942년, 마침내 꿈에 그리던 『훈민정음』 원본이 전형필의 손에 들어왔어요. 만들어진 지 약 오백 년 만에 발견된 보물이었지요. 전형필은 제 눈으로 보면서도 믿기지 않았어요.

책이 닳기라도 할까 봐 잘 보관했어요. 전형필은 자신이 모은 문화재 중 『훈민정음』을 가장 소중하게 여겼어요.

1945년, 우리나라가 드디어 일본으로부터 해방되었어요. 일본이 물러나자 전형필은 더 이상 예술품을 모으지 않았어요. 해방된 나라에서는 누가 가지고 있건 우리 땅에 있는 거니까요.

  전형필은 그동안 모은 수집품들을 보화각에 정리했어요. 그때부터는 문화재 보존 위원이 되어 우리 문화유산 목록을 만들며 지냈지요.

  이런 평화로운 시기는 길지 않았어요. 1950년, 육이오 전쟁이 터진 거예요. 남과 북이 서로 밀고 밀리는 전투를 치렀어요. 서울은 전쟁터가 되었지요.

  전형필은 날마다 총탄이 날아다니는 서울에 가족들을 데리고 남아 있을 수 없었어요. 부산으로 피난을 가기로 했지요.

  하지만 보화각에 수집품들을 두고 가려니 발이 떨어지지 않았어요. 전형필은 가족들을 먼저 부산으로 보내고 근처 빈집에 숨어 지냈어요.

서울로 들어온 북한의 인민군이 보화각에 들이닥쳤어요. 인민군 책임자는 보화각에 보관된 것들이 보통 물건이 아니라는 걸 알았어요. 그는 국립 박물관에서 일하는 최순우에게 물건들을 정리해 포장하라고 했어요. 북으로 보내려는 거였죠.

최순우는 전형필과 친했어요. 보화각의 수집품들이 얼마나 중요한 것인지 잘 아는 사람이었지요.

'이 소중한 문화재들을 북으로 보낼 순 없지.'

최순우는 시간을 끌기 위해 인민군 책임자에게 말했어요.

"둘러보니 중요한 물건도 있고 그렇지 않은 것도 있습니다. 목록부터 작성하는 게 좋겠습니다."

최순우는 꾸물거리며 목록을 작성한 뒤 말했어요.

"북으로 안전하게 옮기려면 아주 튼튼한 상자가 필요합니다. 여기 이걸로는 어림없어요."

최순우가 온갖 핑계를 대며 시간을 끄는 동안 반가운 소식이 들렸어요. 남쪽으로 밀려났던 국군이 점점 서울 쪽으로 올라오고 있다는 거였어요.

"서둘러 포장을 하시오!"

인민군들이 총부리를 들이대며 재촉했어요. 최순우는 손을 덜덜 떨면서 포장을 하러 지하실로 내려갔어요. 그때였어요. 앞서 가던 최순우의 동료가 갑자기 계단에서 굴러 넘어졌어요.

"아이고, 내 다리! 나 죽겠네."

동료는 다리를 잡고 비명을 질렀어요. 최순우는 엄살인 걸 알았지만 장단을 맞춰 시간을 끌 수 있었지요.

그러는 사이 국군이 서울로 들어왔어요. 인민군은 황급히 보화각을 떠났지요. 아름다운 정원은 엉망이 되었지만 다행히 귀한 문화재들이 북으로 가는 건 막을 수 있었어요.

인민군이 떠나자 전형필은 빈집에서 나와 보화각을 둘러보았어요. 문화재들이 무사한 걸 보고 가슴을 쓸어내렸지요.

하지만 얼마 뒤 국군이 다시 서울을 빼앗기게 되었어요. 이번에는 전형필도 어쩔 수 없이 가족들이 있는 곳으로 가야 했어요. 중요한 문화재 몇 점만 들고 부산으로 떠났지요.

삼 년 뒤, 전쟁이 끝나자 전형필은 피난 생활을 마치고 서울로 돌아왔어요.

전형필은 차마 눈 뜨고 볼 수 없는 광경을 보게 되었어요. 보화각의 벽과 창문들이 죄 뚫려 있었어요. 아궁이 옆에는 귀한 책들이 불쏘시개감으로 산더미처럼 쌓여 있었고요.

그뿐이 아니었어요. 두고 간 많은 수집품들이 망가지거나 사라져 버렸지요.

'전 재산을 들여 모은 귀한 문화재들인데…….'

전형필은 털썩 주저앉았어요. 가슴이 찢어지는 것 같았어요.

전형필은 잃어버린 물건들을 찾아다니기로 했어요. 마음은 쓰리지만 처음부터 다시 시작한다는 생각이었지요. 헌책방이나 고물상에서 보화각에 있던 물건을 발견한 적도 있었어요.

 "인사동 고서점에서 자네 장서인(책 주인을 밝히는 도장)이 찍혀 있는 책을 봤어."

 때론 친구들이 이런 소식을 전해 주기도 했어요. 그러면 당장 달려가 다시 그 책을 사 오곤 했어요.

더이상 우리 예술품을 지키지 않아도 되었지만 전형필에게는 여전히 이루고 싶은 꿈이 있었어요.

전형필에게는 좋은 벗들이 많았어요. 이들과 함께 보화각에 있는 책과 예술품을 바탕으로 우리 미술사를 연구하고 싶었어요. 우리 전통문화를 계승하고, 발전시키려면 학자들의 연구가 뒷받침되어야 한다고 생각했거든요.

전형필은 《고고미술》이라는 잡지를 만들어 모든 경비를 댔어요. 또한 고고 미술사를 공부하는 대학생들을 남몰래 지원하기도 했지요.

이 모든 일을 떠안고 무리했던 탓인지, 전형필은 어느 날 갑자기 급성 신우염(갑자기 신장에 염증이 생기는 병)으로 쓰러졌어요. 그리고 얼마 뒤 세상을 떠났지요. 1962년 1월, 전형필의 나이 쉰일곱 살이었어요.

1966년에는 전형필과 함께 공부하던 사람들을 중심으로 '한국 민족 미술 연구소'가 만들어졌어요. 전형필이 모으고 지킨 문화재들을 정리하고 연구하는 곳이에요.

보화각은 간송 미술관이 되었어요. 그곳에 보관되어 있는 예술품들을 보면 전형필이 지켜 낸 것이 단순한 문화재가 아니라 우리 민족의 정신과 뿌리라는 걸 확인할 수 있지요.

1997년, 전형필이 그토록 소중하게 여긴 『훈민정음』은 유네스코가 지정한 세계 기록 유산에 올랐어요. 이제는 별이 되어 밤하늘 어딘가에서 이 땅을 내려다보고 있을 간송 전형필이 누구보다도 이 소식을 기뻐했을 거예요.

♣ 사진으로 보는 전형필 이야기 ♣

1927년, 일본 와세다 대학에서 법을 공부하던 전형필의 모습이에요.

전형필과 위창 오세창 선생님이 함께 찍은 사진이에요. 위창 선생님은 전형필이 문화재를 수집하는 데 많은 도움을 주었어요.

전형필이 처음으로 수집한 그림인 겸재 정선의 「인곡유거」예요.

국보 제65호 「청자 기린 유개 향로」예요. 전형필이 존 개즈비로부터 구매한 청자 스무 점 중 아홉 점이 국보와 보물로 지정되었어요.

1938년, 막 완공된 보화각의 모습이에요. 입구에 앉아 있는 사람들 중 앞줄 오른쪽에서 세 번째가 전형필이에요.

해방 후 집에서 자신이 모은 문화재와 함께 있는 전형필의 모습이에요.

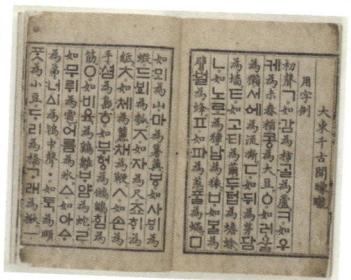

국보 제70호 『훈민정음』이에요. 전형필은 육이오 전쟁 때 가슴에 품고 피난을 갈 정도로 『훈민정음』을 귀하게 여겼다고 해요.

♣ 전형필에 대해 더 궁금한 것들 ♣

전형필이 수집한 뛰어난 예술품에는 또 어떤 것들이 있을까요?

이 책에 등장한 것 외에도 전형필은 다양한 예술품들을 수집했어요. 대표적으로 국보 제135호로 지정된 혜원 신윤복의 화첩 『혜원풍속도』, 국보 제68호로 지정된 최고의 고려청자 「청자 상감 운학문 매병」, 국보 제72호로 지정된 삼국 시대의 불상 「금동 계미명 삼존불 입상」 등이 있지요.

특히 「미인도」를 그린 것으로 유명한 신윤복의 『혜원풍속도』는 전형필이 일본 오사카까지 찾아가 어렵게 구해 왔어요. 전형필이 아니었더라면 신윤복의 멋진 작품들을 지금처럼 우리가 감상할 수 없었을 수도 있어요.

전형필이 특히 좋아했던 겸재 정선은 어떤 화가였나요?

지금은 겸재 정선이 교과서에 실릴 만큼 유명한 화가이지만, 전형필이 살던 때에는 그렇지 않았어요. 전형필의 뛰어난 안목 덕분에 정선의 그림들이 우리나라에 남아 전해질 수 있었지요.

정선은 조선에서 처음으로 진경산수화를 그린 화가예요. 정선 이전의 화가들은 중국식 화법을 이용해서 중국의 자연을 상상해

그려 왔어요. 하지만 정선은 자신만의 개성 있는 화법으로 조선의 여러 지역을 직접 돌아다니며 우리나라의 아름다움을 생생하게 그림으로 남겼지요.

전형필이 수집한 예술품들이 지금은 어디서 어떻게 보관되고 있을까요?

전형필은 보화각을 지은 뒤, 전 재산을 들여 모은 예술품들을 보관했어요. 보화각은 우리나라 최초의 개인 박물관으로, 전형필이 죽은 뒤 이름을 간송 미술관으로 바꾸었지요.

간송 미술관에는 20여 점이 넘는 국보와 보물이 있어요. 국보 제70호인 『훈민정음(훈민정음해례본)』을 비롯해 정선, 김홍도, 장승업, 신사임당 등 조선 시대 유명 화가들의 작품과 고려청자, 조선백자, 석탑, 글씨, 책 등 수천 점이 넘는 우리 문화재가 보존되어 있지요.

전형필의 뜻을 이어 1966년에 설립된 한국 민족 미술 연구소에서 간송 미술관의 수집품들을 정리하고 연구하며, 정기적으로 전시회를 열어 사람들에게 공개하고 있어요.

함께 보면 쏙쏙 이해되는 역사

◆ 1906년
배오개(지금 서울의 종로4가)에서 태어남.

1900

1910

● 1910년
한일 병합 조약의 강제 체결로 우리나라가 일본의 식민지가 됨.

◆ 1960년
《고고미술》잡지를 창간함.

◆ 1962년
급성 신우염으로 세상을 떠남.

1950

1960

● 1950년
육이오 전쟁이 일어남.

◆ 전형필의 생애
● 우리나라의 근현대사

◆ 1937년
존 개즈비가 수집한 청자 스무 점을 구입함.

◆ 1938년
우리나라 최초의 개인 박물관인 보화각을 지음.

◆ 1942년
『훈민정음』 원본을 구함.

1930　　　　　　　　**1940**

● 1945년
8월 15일 우리나라가 광복을 맞음.

● 1948년
대한민국 정부가 세워짐.

1990~

● 1997년
『훈민정음』이 유네스코 세계 기록 유산에 오름.

- 사진 제공

  52, 53쪽 모든 사진_ⓒ 간송 미술 문화 재단.

글쓴이 김혜연

1963년 서울에서 태어났다. 한양 대학교 독어 독문학과를 졸업했다. 2004년 「작별 선물」로 안데르센 그림자상 특별상을 받았고, 2008년 『나는 뻐꾸기다』로 제15회 황금도깨비상을 받았다. 쓴 책으로 『말하는 까만 돌』, 『코끼리 아줌마의 햇살도서관』, 『나의 수호천사 나무』, 『꽃밥』, 『도망자들의 비밀』, 『우연한 빵집』, 『가족입니까』(공저) 등이 있다.

그린이 한지선

서울에서 태어나 이화 여자 대학교 동양화과를 졸업했다. 쓰고 그린 책으로 『밥 먹자!』, 『나랑 같이 놀래?』, 그린 책으로 『딱, 일곱 명만 초대합니다!』, 『내일도 야구』, 『아빠가 떴다!』, 『엉덩이가 들썩들썩』 등이 있다.

새싹 인물전
066
전형필

1판 1쇄 펴냄 2022년 6월 27일 1판 4쇄 펴냄 2025년 10월 30일

글쓴이 김혜연 그린이 한지선
펴낸이 박상희 편집장 전지선 편집 최민정 디자인 김성령
펴낸곳 (주)비룡소 출판등록 1994.3.17. (제16-849호)
주소 06027 서울시 강남구 도산대로1길 62 강남출판문화센터 4층
전화 02)515-2000 팩스 02)515-2007 홈페이지 www.bir.co.kr
제품명 어린이용 각양장 도서 제조자명 (주)비룡소 제조국명 대한민국 사용연령 3세 이상

ⓒ 김혜연, 한지선, 2022. Printed in Seoul, Korea.

ISBN 978-89-491-2946-4 74990
ISBN 978-89-491-2880-1 (세트)

「새싹 인물전」 시리즈

- 001 **최무선** 김종렬 글 이경석 그림
- 002 **안네 프랑크** 해리엇 캐스터 글 헬레나 오웬 그림
- 003 **나운규** 남찬숙 글 유승하 그림
- 004 **마리 퀴리** 캐런 윌리스 글 닉 워드 그림
- 005 **유일한** 임사라 글 김홍모·임소희 그림
- 006 **윈스턴 처칠** 해리엇 캐스터 글 린 윌리 그림
- 007 **김홍도** 유타루 글 김홍모 그림
- 008 **토머스 에디슨** 캐런 윌리스 글 피터 켄트 그림
- 009 **강감찬** 한정기 글 이홍기 그림
- 010 **마하트마 간디** 에마 피시엘 글 리처드 모건 그림
- 011 **세종 대왕** 김선희 글 한지선 그림
- 012 **클레오파트라** 해리엇 캐스터 글 리처드 모건 그림
- 013 **김구** 김종렬 글 이경석 그림
- 014 **헨리 포드** 피터 켄트 글·그림
- 015 **장보고** 이옥수 글 원혜진 그림
- 016 **모차르트** 해리엇 캐스터 글 피터 켄트 그림
- 017 **선덕 여왕** 남찬숙 글 한지선 그림
- 018 **헬렌 켈러** 해리엇 캐스터 글 닉 워드 그림
- 019 **김정호** 김선희 글 서영아 그림
- 020 **로버트 스콧** 에마 피시엘 글 데이브 맥타가트 그림
- 021 **방정환** 유타루 글 이경석 그림
- 022 **나이팅게일** 에마 피시엘 글 피터 켄트 그림
- 023 **신사임당** 이옥수 글 변영미 그림
- 024 **안데르센** 에마 피시엘 글 닉 워드 그림
- 025 **김만덕** 공지희 글 장차현실 그림
- 026 **셰익스피어** 에마 피시엘 글 마틴 렘프리 그림
- 027 **안중근** 남찬숙 글 곽성화 그림
- 028 **카이사르** 에마 피시엘 글 레슬리 뷔시커 그림
- 029 **백남준** 공지희 글 김수박 그림
- 030 **파스퇴르** 캐런 윌리스 글 레슬리 뷔시커 그림
- 031 **유관순** 유은실 글 곽성화 그림
- 032 **알렉산더 벨** 에마 피시엘 글 레슬리 뷔시커 그림
- 033 **윤봉길** 김선희 글 김홍모·임소희 그림
- 034 **루이 브라유** 테사 포터 글 헬레나 오웬 그림
- 035 **정약용** 김은미 글 홍선주 그림
- 036 **제임스 와트** 니컬라 백스터 글 마틴 렘프리 그림
- 037 **장영실** 유타루 글 이경석 그림
- 038 **마틴 루서 킹** 베르나 윌킨스 글 린 윌리 그림
- 039 **허준** 유타루 글 이홍기 그림
- 040 **라이트 형제** 김종렬 글 안희건 그림
- 041 **박에스더** 이은정 글 곽성화 그림
- 042 **주몽** 김종렬 글 김홍모 그림
- 043 **광개토 대왕** 김종렬 글 탁영호 그림
- 044 **박지원** 김종광 글 백보현 그림
- 045 **허난설헌** 김은미 글 유승하 그림
- 046 **링컨** 이명랑 글 오승민 그림
- 047 **정주영** 김경완 글 임소희 그림
- 048 **이호왕** 이영서 글 김홍모 그림
- 049 **어밀리아 에어하트** 조경숙 글 원혜진 그림
- 050 **최은희** 김혜연 글 한지선 그림
- 051 **주시경** 이은정 글 김혜리 그림
- 052 **이태영** 공지희 글 민은정 그림
- 053 **이순신** 김종렬 글 백보현 그림
- 054 **오드리 헵번** 이은정 글 정진희 그림
- 055 **제인 구달** 유은실 글 서영아 그림
- 056 **가브리엘 샤넬** 김선희 글 민은정 그림
- 057 **장 앙리 파브르** 유타루 글 하민석 그림
- 058 **정조 대왕** 김종렬 글 민은정 그림
- 059 **나폴레옹 보나파르트** 남찬숙 글 남궁선하 그림
- 060 **이종욱** 이은정 글 우지현 그림